環太平洋摂理と巨文道

환태평양섭리와 거문도

文鮮明
Sun-Myung Moon

光言社

環太平洋摂理と巨文道《コムンド》 目次

第一章　天の王宮と真《まこと》の家庭理想

目次

第二章　環太平洋摂理と巨文道《コムンド》

第三章　天一国《てんいちこく》主人の召命的責任

第一章

天の王宮と真《まこと》の家庭理想

第一節　家庭は天の王宮の中心

(一)　家庭は天の王宮の中心

アダムとエバは、長子と長女であると同時に、最初の父母になります。この最初の父母が最初の王になります。王の中の王になり、父母の中の父母になり、子女の中の子女になります。ですから、どこに行って暮らすのかというと、王宮で暮らすのです。王宮に入っていって暮らすというのです。アダムとエバが完成し、その家庭が入っていって暮らす本然の場所が天の国の王宮です。
(二二六―一五八、一九九二・二・四)

家庭は、天の国の王宮の中心です。この家庭を中心として、おばあさん・おじいさん、お母さん・お父さん、自分たち夫婦の三代がいます。この三段階の家庭原則は、宇宙の愛の理想であり、実体表現の結実です。ですから、おじいさんとおばあさんは縦的な先祖、神様の代身として暮らしているのであり、お父さんとお母さんは世界の家庭を代表し、男性と女性を代表する王と王妃として暮らしているのであり、息子・娘は未来の王子と王女として未来の国を相続するのです。これらがすべて、一つになって暮らしているのが家庭です。(二一七―一〇〇、一九九一・五・四)

おじいさんとおばあさんは過去の天国と通じ、息子・娘は未来の地上天国と通じ、お父さんとお母さんは現在の地上天国と通じます。それが三代の王宮です。これが私たちの家庭理想です。これが三代王宮です。(二六一―三二〇、一九九四・七・二四)

三大の王権が一箇所に集まった組織体が私たちの家庭です。過去、現在、未来世界の王宮基地が私たちの家庭です。ですから、おじいさんを神様のように侍らなければなりません。家庭において、大王として絶対的な力をもった方がおじいさんです。父母はアダムの位置です。現在の家庭の王であり、中心です。子女は、未来世界の王権を相続されるのです。(二四六―八四、一九九三・三・二三)

(二) 神様を中心とする王宮と天国

アダムは、長子の基本となる資材であり、真《まこと》の父母の基本となる資材であり、王の基本となる資材です。王の中の王であり、父母の中の父母であり、息子の中の息子です。王孫を中心として万世一系で受け継ぎ、一つの王宮を中心として、一つの主権を中心として、この地上に天国を形成しなければならないのが神様の創造理想です。(二二〇―二九七、一九九一・一〇・二〇)

「主権」の「主」の字は、「王」の上に「丶」があります。これは神様を意味します。神様が王の主人になるということです。神様が臨在して、初めて主権ができるというのです。ですから、神様を迎える聖殿を建築しなければなりません。その聖殿に代わるものが国の王宮です。(二五一―二六六、一九九三・一〇・三一)

アダムとエバが出発しなければならなかった原点とは何かというと、神様の本宮です。神様の本宮とは何ですか。そこに神様の王宮があるのです。神様の王宮がそこにあり、神様の愛がそこにあります。出発点です。人間と創造主、被造物と創造主が一つに連結されて真《まこと》の愛の基盤になるのですが、それが完成した本然のアダムの家庭基盤なのです。そこが、神様が永遠に臨在できる神様の王宮です。(二一八―一八九、一九九一・七・二八)

天の国の王宮の長子権を中心として、自分の息子、娘が血代の伝統を受け継ぎ、三代を経なければなりません。王孫にならなければならないというのです。三代を経て家庭が定着することによって、男性と女性の愛の安息所ができ、おじいさんとおばあさんの安息所ができるのです。この三代が一つに和合できる所が天国の王宮であり、そのような愛を保護する所が天国です。（二三二―三二二、一九九二・六・二一）

第二節　天の王宮を蹂躙《じゅうりん》したサタン

真理の本宮はどこでしょうか。男性と女性が求めている真理の定着地、真理の本宮がどこかというと、真《まこと》の愛です。それを否定できますか。真の愛が定着しなければならず、神様を中心として神様の本宮に定着しなければならないのですが、サタンと人類始祖が一体になり、本宮に定着できなかったのです。そこに根を置くことができませんでした。そこに根を置いて、子々孫々、全世界の人類へと広がっていかなければならないのですが、堕落してしまったというのです。真の愛の定着地が神様の本宮に連結できなかったことが堕落です。

（二六九―一九〇、一九八七・一〇・三一）

神様は、霊的に見れば、兄であると同時に夫です。愛を中心とすれば、神様は、エバの兄であると同時に、夫であると同時に、父の立場にいるのです。私にとって最も必要な父が奪われていきました。夫が奪われ、兄が奪われたというのです。奪って一人残らず虐殺してきたのがサタンです。サタンはすべてを占領し、愛の本宮を破壊《はたん》させ、破壊する王です。それは、言葉だけではなく事実です。（二七九―三一四、一九九六・一一・一〇）

天理大道の基準、愛の大元の軸、天地の軸になるべきだった中心ポイントが、堕落によって破壊されました。女性が自分に目覚め、天使長が自分に目覚めることによって因縁を結び、宇宙の根本を撃破した怨恨《えんこん》のどん底が生じたというこの憤慨に堪えない事実を、人類は知らなかったというのです。サタンが血統的因縁の先祖になったことに対するこの恨《ハン》を、誰が解いてくれるのでしょうか。

それは、王妃になる人を僕《しもべ》が占領したのです。ですから、宇宙の大道の原則となり得る根本基準がぺちゃんこになりました。結局、その悪魔とは何かとい

うと、愛の天の国の王宮を根本的に破壊した頭だというのです。(一七一―一一四、一九八七・一二・一三)

姦夫《かんぷ》を愛することができますか。それが神様の苦痛です。神様がどれほどかわいそうかというのです。その姦夫とはどのような存在ですか。三代を蹂躙《じゅうりん》しました。おばあさんとおじいさん、お母さんとお父さん、自分まで、三代を蹂躙したのです。それはどういうことかというと、この天の国の王宮をすべてサタンが占領し、おばあさん、自分のお母さん、自分の妻までも、すべてその場で強奪し、殺してしまったのです。(一八八―二三〇、一九八九・二・二六)

堕落していなければ、天地の王権と、天地の父母権と、天地の長子権を中心とする直系の息子、娘になり、その家庭がこの地上の王宮になり、天の国の王宮になっていたでしょう。また、傍系の兄弟たちは、すべて直系の王宮の伝統を横的に受けることができるのです。この王宮の伝統と一つになって生きた、そのような人たちが天国に行くようになっていたのです。（二二八―二二一、一九九一・七・二九）

第三節　天の王宮の復帰と実体復活

(一) 天の王宮の復帰と復活

一つの家庭の家族形態は、万物と子女と父母によって成り立っています。子女は、新約を代表し、父母は成約を代表します。その子女をサタンが奪っていったのです。ですから、サタンからその子女を取り戻してこなければなりません。サタンから万物を復帰し、真《まこと》の子女を復帰し、父母と子女を復帰し、そしてそれを神様の縦的、横的な子女として連結するのです。これが王宮の王権です。(二四八―一〇八、一九九三・八・一)

皆さんの根はどこですか。愛の根は愛の根ですが、偽りの愛の根によって生まれました。根が変わったというのです。愛は本来、宇宙の中心として、すべてのものを主管できるように、原則的な基準として立てたのですが、僕《しもべ》のサタンが王宮の王女を強奪したのです。ですから、その王宮の王子、王女の代を受け継ぐ人がいないのです。ですから、これを復帰しなければなりません。（一八三―一八九、一九八八・一一・一）

エデンにおいて、家庭で母を失ってしまいました。天使長が父になることはできません。天使長が完成すべきアダムを追い出し、神様を追い出したのです。ですから、再び入ってこなければなりません。復帰しなければならないのです。（二六二―一〇八、一九九四・七・二三）

人間は、本来神様が造られ、神様と因縁が結ばれていたにもかかわらず、サタンの不倫な愛によって過ちを犯してきました。ですから、サタンの愛によって生まれていないという、サタンが侵犯できない立場を経て、再び生まれなければなりません。それで、キリスト教の教理の骨子は、復活です。復活とは、すなわち重生の道理です。人間は間違って生まれたので、再び生まれなければなりません。(一九―一九〇、一九六八・一・七)

復活とは、再び生まれることをいいます。このような言葉がなぜ出てきたのでしょうか。人間が間違って生まれたので、真《まこと》の父母と因縁を結んで再び生まれなければならないからです。今日の堕落した人間が天に帰るにおいては、誤った事実を是正するために、このような絶対的な要件が必要なのです。(二三―一六一、一九六九・五・一八)

復活の路程は、すべてのものを捨てて新しく生まれるのです。十字架によって救いを受けるのではありません。復活することによって救いを受けるのです。

統一教会の救いもここにあります。十字架というものは、苦難の結実として恨《ハン》を清算するための場です。復活は、十字架を離れて勝利し、再び生まれたということなので、永生の場です。ですから、復活の道理を信じて、それを求めていかなければなりません。（一四—二三三、一九六四・一二・二七）

今日の統一教会が提示することは、万物の祭物時代を経て、息子、娘の祭物時代を経て、サタンが讒訴《ざんそ》できない圏を成すことです。そうして、その上に勝利的な祭物、すなわち復活実体の祭物を備えて、神様がいつでも思いどおりに取ることができ、いつでも思いどおりに主管できる実体を復帰するのです。これが今までの復帰摂理の目的です。（二八—一〇、一九七〇・一・一）

(二) 実体復活するには

「復活」という名詞は、喜びを前提として成立する言葉です。ですから、神様の創造の理想は、すべての被造物が実体的な価値を備えることです。そうしてこそ、天も、地も、人も、神様も、喜ぶことができるのです。被造万物全体がそのような理想的な基準、希望的な基準、勝利的な基準、最高の栄光の基準で融合することができたならば、言うまでもなく幸福だったでしょう。(一一―三三二、一九六二・四・一七)

復活するときは、イエス様のように霊的な復活ではなく、実体を中心とする復活をしなければなりません。そうすることによって、この地上でサタン世界がふさいでいる十字架の峠を越えなければなりません。この道を経て祝福を受

けることができるのです。（一五九―一四二、一九六八・三・七）

今後、実体復活できる一つの存在になろうとすれば、歴史的な基準を蕩減《とうげん》して、現実の闘いにおいて倒れずに勝利しなければなりません。そうしてこそ、実体復活をすることができます。そのようになる日が実体復活の日です。この基準が立てられてこそ、実体の時代が来るのです。歴史的な闘争過程を経て、イエス様の希望である新郎新婦の基準を完結して、初めて私たちが願う地上天国ができるというのです。（一一―三三六、一九六二・四・一七）

霊的に救援摂理をしたことを相続して、地上で実体復活圏が成されるのです。実体が復活するためには、闘って勝たなければなりません。復活圏は、悪魔を除去して、天だけが主導できるところに生じるのです。復活というものは、悪魔の勢力圏に勝ち、天の圏に入っていくことを意味するのです。（二一〇―二八四、

一九九〇・一二・二五）

イエス様が、「わたしの思いのままにではなく、みこころのままになさって下さい」（マタイ二六・三九）と祈ることによって、復活の恩寵《おんちょう》を受け、神様の圏内に抱かれたのと同じように、私たちも、この峠を越えなければなりません。すなわち、皆さんが死なずに、実体をもって復活圏を越えなければならないということです。そうして、実体世界において、真《まこと》のお父様に代わって万民を愛してあげ、また、万民が、お父様の代わりに皆さんに侍って暮らすことができる、その時になってこそ、神様が地を創造されたその理念の終結を見ることができ、人間に対する摂理の終結を見ることができるのです。また、今日の私たちが今まで願っていたその希望も、終結を見ることができ、私の愛と生命に対する摂理も、終結を見ることができるのです。（四―三二二、一九五八・一〇・五）

いかなる民族よりも歴史的な勝利の標語を掲げ、すべてのものに責任をもち、自信をもって勝利しようという一つの基準が、皆さんの心で、体で、生活的な分野で確固として立つことによって、勝利の歴史が展開しなければなりません。そうであってこそ、皆さんが実体をもって復活圏内に入っていくことができるのです。すなわち、実体をもって天国の復帰の園に入っていき、皆さんが神様に対して「お父様」と言うことができ、神様は皆さんに対して「息子、娘」と言うことができる境地に入っていくようになるというのです。（六一―二二八、一九五九・五・一七）

復活の歴史を提示するために動いてきたのが、今までの統一教会の歴史です。このような歴史的因縁は、個人にもあるのであり、家庭にもあるのであり、氏族、民族、国家にもあるのです。

家庭について見てみれば、一つの家庭が出てくるまでには、そのための歴史的な背後があるのです。ですから、一つの家庭が現れるためには、サタンと神様の間に残された讒訴《ざんそ》条件を蕩減《とうげん》しなければなりません。この讒訴条件を断たなければならないのです。断つだけで終わるのではなく、それを現実的に、実体で復活させなければなりません。統一教会の原理のみ言《ことば》を借りて言えば、縦的な歴史を横的に蕩減復帰しなければならないということです。

それでは、縦的な歴史を横的に蕩減するとは、どういう意味でしょうか。今まで神様が摂理してきた路程において、提示した蕩減条件がすべて失敗に終わったので、それらを横的に再現して蕩減することを意味するのです。

家庭を中心として見てみれば、その家庭が現れる時までのすべての蕩減条件と、その家庭自体がこれからの環境で立てるべき蕩減条件、この二つの分野においての使命を連結しなければなりません。そのようにしなければ、新しく解放された私として、歴史的に勝利し、時代的に勝利した私として出発することができないのです。それが摂理の内容です。（二一八―五五、一九七〇・一・二）

私たちは、命を捨てる覚悟をし、死んで復活する実体になろうという覚悟をもってこそ、生きて天国を地上で迎えられるのです。死の道を行って戻ってこなければなりません。

先生は、何が心残りで、何をするために以南から以北に訪ねていったのでしょうか。以北に訪ねていくときは、既に覚悟したのです。監獄生活において、まかり間違えば、生死を決断することまでして出てこなければなりません。そのような覚悟をして訪ねていった道が、どれほど悲壮だったでしょうか。どれほど心情が深刻だったかというのです。今でもそうです。（一五三―二〇二、一九六二・一二・二〇）

㈢ 真《まこと》の父母の真の愛による復活

真の愛は、ぶつかればぶつかるほど繁殖するようになります。真の愛は、ぶつかればぶつかるほど拡大されるのであって、縮小されるようにはなっていません。愛国者は、愛国の火にぶつかればぶつかるほど、四方の環境が困難であれば困難であるほど、その愛国の火は、ぶつかる力よりもっと大きく拡大するということを知らなければなりません。ですから、真の愛によって宇宙は復活するというのです。（一七三―九四、一九八八・二・七）

自分のために尽くす母の愛の手が、親不孝な子女を感動させ、孝子の道を行かせる、そのような偉大な力が愛の世界にあるのです。それは、政治的な力や軍事力ではできず、知識でもできず、食べ物でもできません。死亡の世界から

復活の力を引き起こす力は、真の愛にのみあるというのです。（一九一―二三二、一九八八・六・二五）

復活とは、父母が来て解放してくれることです。アベルを誰が解放するのでしょうか。アベルがカインに打たれて死ぬところを、誰が止めて解放するのでしょうか。神様と父母以外にはいないというのです。天使と兄が一つになって殺してしまおうとするのですが、これを助けてくれる人は、未来の真の父母と神様しかいません。これは、原理的観点から間違いのない結論です。（一三一―五一、一九八四・四・一）

復活とは何でしょうか。再び生きることです。私たちは、死んだので再び生きなければならないのです。それでは、重生とは何でしょうか。再び生まれることです。イエス様は、人類の父であり新郎です。聖霊は、人類の母であり新婦です。人間たちが新婦の因縁を受け、新郎であるイエス様を思慕し、イエス様がいなければ生きていくことができず、聖霊がいなければ生きていけないと思うようになるとき、イエス様と聖霊が霊的な面で出会うことによって永遠の生命の種が再び人間に注入されるようになり、重生がなされるのです。父母の愛を通さずに息子、娘を生むということは、天地の道理の中にないのです。（九一一三八、一九六〇・五・一）

この地上に何が出てこなければならないのかというと、真《まこと》の父母です。真の父母とは何でしょうか。天の国の何でしょうか。天の国の王宮になるのです。その家庭を中心とする氏族がいて、民族がいて、国家があるようになり、統一された世界が存在するようになるのです。この中に連結されたものが何かというと、個人観念ではない、共通の理想観念である真の愛です。真の愛は、いつでも連結されるのです。ですから、堕落世界で復帰摂理をして理想世界を再現

しようとするのです。（一六一―三〇七、一九八七・三・一）

アダムとエバが堕落したのちに受け継いだ汚れた血統を、どのように清算するのかというのです。そのような内容を清算するために、真の愛、真の生命、真の血統を中心として現れた方が真の父母です。サタンの血統を肥料として生命を育ててきましたが、新しい復活の時代には、体が神様の愛と生命と血統を中心として、真の愛を肥料として大きくなっていくのです。そうして、一方は消えていき、一方は増え広がっていきます。ここから、神様が共にいらっしゃり、サタンとは永遠に離別するのです。（二二五―一七一、一九九一・二・一七）

「生めよ、ふえよ、地に満ちよ」と言われたので、今日の統一氏族を中心として三千里半島（朝鮮半島）の基盤の上に、三千万の繁殖運動をしなければなりません。それで、東西南北において、サタンが讒訴《ざんそ》できる歴史的なすべての先祖たちの条件を蕩滅《とうげん》させ、再び復活した実体的な立場に立て、勝利圏を備えたのが祝福家庭の基盤です。これがいわゆる統一氏族です。（二八―一四、一九七〇・一・二）

統一教会の祝福の場は、深刻な場です。万年抱いたその事情をその瞬間に打ち明け、二人が手を握って「この人だったのか」と言えるそのような場において、歴史を回顧しながら、現実の前に誤ったすべてのことを清算し、新たに解放された復活の実体となり、アダムとエバが受けるべきだった祝福を中心として、歴史的な恨《ハン》をすべて取り除き、二人が神様の愛を中心として解放の復活体として登場できるその瞬間が、祝福の瞬間なのです。（一五七―三三九、一九六七・一〇・一六）

㈣　復活と伝道

イエス様は、死んで三日目に復活し、四十日間で弟子たちを再び糾合し、霊的イスラエルを編成しましたが、これからは、実体の弟子型、氏族型、民族型を編成しなければなりません。これが私たち各自の行くべき路程です。（一九一一四、一九六七・一二・三一）

実体をもって栄光の復活の日を迎え、神様に報いる時が終わりの日です。そして、神様の息子、娘の名でサタンを打ち砕くことが、正に伝道です。伝道する立場は、涙を流す立場であり、歴史的な先祖たちが、しっかり闘いなさいと祝福してくれる立場であり、未来の子孫たちまで期待にあふれた目で見つめる立場です。言い換えれば、その立場は、僕《しもべ》の立場から養子の立場に、養子の立場から子女の立場に再生する立場です。私たち人間が、このような再生の因縁を立てて実体復活することが神様の願いです。歴史的な基準を横的に立てて復

活の基準を立てなければなりません。(一一―三三八、一九六二・四・一七)

再創造は誰がしなければならないのかというと、神様の代身の位置に立ったアダム、完成したアダムの代身の位置に立った皆さんがしなければなりません。ですから、私たちの伝道は、アダムの再創造です。完成したアダムが、完成できなかったアダムたちを再び復活させ、完成の位置に移すのです。これが、これから世界に発展しなければならない統一教会の復興の役事、伝道の役事なのです。(八四―一一、一九七六・二・二〇)

問題はどこにあるのでしょうか。接ぎ木することです。接ぎ木しなければなりません。それは、兄弟の復活です。アベルが、アベルとしてカインに対して勝利したということは、兄弟を復活させるところにあります。

堕落の恨《ハン》は兄弟を殺したことです。それを復帰しようとすれば、兄弟を復活させなければなりません。兄弟を復活させられなければ、復帰することはできないのです。ですから、皆さんは、カインの立場にいる人たちを、百人、千人以上、継続して伝道し、彼らと連結しなければなりません。彼らを通して、今後、自分がとどまる堅固な足場をつくれます。自分にとって栄光になるのです。

（二四―三四一、一九六九・九・一四）

第二章

環太平洋摂理と巨文道《コムンド》

第一節　イスラエル民族を中心とする王宮復帰とその教訓

(一)　イスラエル民族を中心とする王宮復帰

イスラエル民族は、荒野で幕屋の聖殿を建設したのであり、その次に、カナンに復帰して実体の聖殿に代わる聖殿を建設しました。これは、復帰の路程において、私たちが天を求めていく全体のモデルになるのです。(一五〇—一四、一九五八・八・一七)

イスラエル民族は、バビロンから帰ってきて聖殿を建てました。聖殿を先に建てなければなりません。その次には、歴史を収拾し、イスラエル民族を収拾し、国を収拾しなければなりません。自分が天幕を張って召使暮らしをしなが

らでも、国を収拾して定着しなければならないのです。(一七三―三一二、一九八八・二・二一)

聖殿とは何でしょうか。聖殿は、イスラエル民族の家です。それが今後、何になるのかというと、天地を支配できる王宮になるのです。これが成長して大きくなればどのようになるかというと、神様が君臨なさる宮殿になるというのです。ヤコブの家、家庭的な家、民族的な家であるこの聖殿を土台として、約束したメシヤが来られるのです。(一〇―三四三、一九六〇・一一・二七)

(二) イスラエル民族の教訓

①荒野路程のイスラエル民族

家庭の祝福を受けたヤコブの子孫は、どのようになりましたか。荒野で倒れました。エジプトで苦役を受けていた群れをモーセが導き出してくるときに、荒野で倒れるとどうして分かったでしょうか。

モーセは、民族の父母の立場に立てられていたのです。イスラエル民族がそのようなモーセと、「死んでも一緒に死に、生きても一緒に生きる。私の父が行くのに、どうして私が行かないことがあろうか」という心情で行動を共にしていれば、滅びることはなかったのです。しかし、民族の父母を越え、民族の父母として立てられたモーセの基盤は、行き場もなく崩れてしまいました。（九―二八、一九六〇・四・三）

エジプトでイスラエル全体が一つになり、信仰をもってカナン復帰に向かっていかなければなりませんでした。アダムとエバは、神様を信じて一つになれなかったので、天の国に行けなかったのです。不信の場で失ってしまったので、イスラエル民族が信仰をもってカナンに向かっていれば、荒野から三週間以内にカナンに入っていたのです。イスラエル民族が、死ぬとしてもモーセと一緒に死に、エジプトの国で一緒に死のうとしていれば、神様がすべて保護していたというのです。(二四八—一九、一九九三・五・三〇)

モーセとイスラエル民族が団結していたならば、いくら奇跡を行ったとしても滅びることはないのです。隙間《すきま》が生じるときは滅びますが、死んでも一緒に死に、生きても一緒に生きるという覚悟さえもっていたなら、いくら奇跡を行っても滅びることはないというのです。ところが、モーセとその民族が分かれるようになったので、崩れていったのです。イスラエル民族と一つになっていれば、モーセはカナンの地に復帰していたでしょう。(一〇—三四三、一九六〇・一一・二七)

②カナン復帰後のイスラエル民族

なぜイスラエル民族は、カナン復帰をして王宮圏をつくり、勝利的天国を成し遂げることができなかったのでしょうか。カインとアベルが二世を先頭に立てなければならなかったのですが、二世を先頭に立てずに自分たちがやろうとしたからです。

また、カナン七族がもっていた富と栄光、権利、お金、その怨讐《おんしゅう》の基盤をすべて国の基盤として相続しておき、その次に国を通して氏族の所有権、家庭の所有権、個人の所有権まで、「国王のものだ」と言える基盤を通して国民の所有権にならなければならないのですが、国家が所有権をもつ前に、入るやいなやどろぼうし、すべて自分のものにしてしまったというのです。（一四九―一六七、一九八六・一一・二一）

イスラエル民族は、カナンの地に入っていって滅びました。なぜ滅んだのでしょうか。疲弊する中で四十年間さまよっていたイスラエル民族は、定着してカナンの地に暮らしている異邦の人たちの風習と、財産と、その環境をうらやましく思ったのです。それを越えて、イスラエルの宮殿を建てなければなりませんでした。イスラエルの聖殿を建てなければならなかったというのです。自分が定着して、自分の息子、娘が定着する前に、イスラエルの国の失われていた聖殿を造り、そこに神様をお迎えして国を収拾したのちに、自分自らが定着しなければならなかったのです。

そうであるにもかかわらず、国を失い、神様の聖殿を放棄し、自分自身だけが定着しようというのですか。今が、ちょうどそれと同じ時代です。ですから、先生が来て今、何をしようとしているのかというと、聖殿を建てようとしているのです。（一七三―三〇八、一九八八・二・二一）

③バビロン補囚から帰還したイスラエル民族

イスラエル民族は、バビロンに捕らえられていって多くの受難を経験しました。捕虜生活をする中、三次にわたってイスラエルに復帰し、イスラエルの国に帰ってくることになったのです。そのようにして帰ってきたイスラエル民族は、再整備をして聖殿を建立しました。そうしてマラキ預言者の時には、彼を中心として内的にイスラエル教団を整備し、外的にイスラエルの国を整備するためのみ業をしたのです。メシヤを迎えるために、神様がそのように四百年間準備したというのです。（一六八―三〇三、一九八七・一〇・一）

バビロン捕囚の時代からマラキの時代において、カナンに戻ったイスラエル民族がすべきことは、聖殿復旧運動でした。それをやらなければなりません。疲弊した聖殿をすべて復旧しなければならないのです。民族の精気の主体性として登場することができ、神様に仕える聖殿を中心として、主体性の確立を完全に全国化させなければなりませんでした。全国化だけでなく、世界化させ得る主体性として現れることを神様は願われたのです。それが、復古思想圏内にいるイスラエル民族に対する神様の願う希望の道でした。(一七四―八五、一九八八・二・二四)

新約時代の願いは何ですか。主に出会うことです。旧約時代の願いは何ですか。メシヤに出会うことです。メシヤに出会って何をしようというのですか。その国を中心として天下を統一しようというのです。ユダヤ教とイスラエルの国の願いは来られるメシヤを迎えることですが、メシヤを迎えようとすれば、王宮を準備しなければなりません。王宮を願うのです。

主が願うことは、王の中の王です。世界の王権の中の王権を樹立するためにこの地上に来るのです。ですから、ユダヤ教とイスラエルの国は何をしなければばなりませんか。王権の中の王権を迎えることができる王宮を設立する準備をしなければなりません。（二四五―五六、一九九三・二・二八）

④イエス様を迎えたイスラエル民族

イスラエル民族は、神様が送られたメシヤをその国の王宮にお迎えし、祭司長たちと律法学者たちが中心となって、大勢の教職者たちが自分たち以上の栄光の場で王として迎えなければなりません。そのような場が、イスラエル民族の希望であったメシヤがとどまるべき場です。それが、この地にメシヤを送られた神様の願いでした。（一四―五〇、一九六四・五・三）

神様は、四千年間イスラエル民族をよく育て、その土台の上に愛する息子を送り、そのイスラエル民族全体がイエス様を愛してくれることを願われました。

中心存在が来れば、彼と一つになり、死んでも一緒に死に、生きても一緒に生きるように、イエス様をこの上なく愛するように四千年間準備したのがユダヤの国であり、ユダヤ教団だったのです。それにもかかわらず、彼らはイエス様に反対しました。(三八—二八二、一九七一・一・八)

ユダヤ教とイスラエルの国の二つが一つになり、来られるメシヤの王権を立てることができる王妃を用意しなければなりません。カインとアベルが一つになって王宮を建て、主が来られればすべての国を治める、その準備をしなければならないのですが、ユダヤ教とイスラエルの国は、それができませんでした。イスラエルの国とユダヤ教は、王宮を造っておいて、主が地上に来られれば、万民があがめ奉るようにしなければならなかったというのです。誰も足を踏み入れることができないようにして、神聖な至聖所のように侍る準備をしてメシヤを迎えなければなりません。ところが、このような事情をあまりにも知らな

かったというのです。（二四二―二四四、一九九三・一・二）

イエス様が亡くなる時、同伴者が殺人強盗犯しかいなかったという事実は、あまりにもしのびない事実です。ペテロがゴルゴタにおいて友人になっていたなら、十二弟子がなっていたなら、天の恨《ハン》はなかったでしょう。そのようになっていれば、イエス様は死ななかったのです。もし十二弟子が団結してイエス様と共に死のうとしていれば、奇跡が起きていたでしょう。そのようになれば、イエス様は死なないというのです。（四―三四六、一九五八・一〇・一九）

この地上に聖殿を建設するために来られたイエス様に背いたイスラエル民族は、イエス様と一つになれなかったがゆえに、聖殿の実体であるイエス様を失ってしまい、二千年間荒野をさまよう民族になってしまいました。これは、イスラエルの六十万の大衆が、天を代表するモーセを民族の指導者ではないとして、背いたのと同じことです。イスラエル民族がモーセに背いたことが、イエス様に背く歴史的な条件になったのです。(五―一六〇、一九五九・一・一二)

イスラエル選民とは、(悪に)転換された血統をひっくり返してきた民族です。その血統を中心としてイエス様が来て、民族的な基盤の上で結婚し、民族の王の位置で種になるのです。そして、すべてを祝福してあげなければなりません。その時にイスラエル民族全体を祝福していれば、その国は永遠に滅びません。その国自体は、そっくりそのまま天国に、すべて入っていくのです。それが二千年前にローマ帝国と一つになっていれば、世界のすべての国々も、完全にメシヤ王宮を中心として、相対的なカイン的王宮として吸収、統合されるというのです。そうすることによって一つの地上天国をつくり、地上のすべての人が天国の国民になるのです。(二八四―九四、一九九七・四・一六)

郵 便 は が き

おそれいり
ますが50円
切手をお貼
りください

150 - 0042

（受取人）
東京都渋谷区宇田川町
37-18　トツネビル３Ｆ
（株）光言社
愛読者係　行

ご応募くださいました方の中から毎月抽選で10名の方に光言社の製品（書籍・ビデオ・写真・はがきセットなど）をお贈りします。

通信欄

今後どのような内容の本をご希望か、お聞かせください。
また、ご要望、その他なんでもお聞かせください。

お買い上げいただいた書籍名（お買い上げ日　　月　　日）

本書を何でお知りになりましたか

□広告を見て（紙誌名　　　　　　　　　　　　　　　　　　　　　　　　　）
□人に勧められて（　　　　　　　　　　　　　　　　　　　　　　　　　　）
□書店の店頭で見て
□当社からのFax案内を見て　□ポスターを見て　□ホームページを見て
□その他（　　　　　　　　　　　　　　　　　　　　　　　　　　　　　　）

本書についてご感想をお聞かせください（この項は必ずご記入ください）

フリガナ お名前	生年月日　　　歳 年　月　日	性別 男・女
ご住所　〒 お電話（　　　）　－ E-mail :		
ご職業　1.会社員　2.公務員　3.自営業　4.自由業　5.主婦　6.学生 7.その他（　　　　　　　　）		

ご購読ありがとうございました。今後の出版企画の参考にさせていただきます。
E-mail、Faxでもご応募できます。

E-mail : dokusha@kogensha.com　Fax : 03-3468-5418

第二節　巨文島《コムンド》は海洋世界の王宮

(一) 神様の摂理から見た今の時

摂理から見るとき、今はイスラエル民族がカナンに復帰した時と同じです。バビロンの捕虜たちが再び戻ってきたのと、ちょうど同じなのです。私の立場がそうです。世界のキリスト教の新しい風潮を中心として、新しい方向を立てて韓国に帰ってきました。そうして、すべきことは何でしょうか。廃れた聖殿を再び建てることです。(一七八―三六、一九八八・五・二七)

サタン世界は、黄金万能時代に来ました。太鼓をたたいて歌を歌い、興に乗じて遊んでいます。神様の復帰摂理においては、すべてを奪われ、すべてをなくしたので、荒廃した所で建国をしなければなりません。聖殿の建築を私の手でしなければならないのです。神様が選んだイスラエルのように、選民になって神様をお迎えできる、その場を求めていかなければなりません。荒廃した所で、涙とともに死なずに訪ねてこれるようにしてくださったことが感謝であり、その内的心情をもって再び帰れるようにしてくださった天に対して、負債を返さなければならないので、倒れた聖殿を建築し、国を建築しなければなりません。そのような時が来たというのです。（二九二―六二、一九九八・三・二八）

天の国の王宮は、どこで成されるのでしょうか。天の国からではなく、地上からです。地上が生産地です。アダムとエバが地上で生まれたので、ここから天の国の民が出てきて、天の王宮ができるのです。（二二〇―一一〇、一九九〇・一二・一）

神様が宇宙の王の位置で万物を愛し、万民を息子、娘として愛した、その愛の心情を体恤《たいじゅつ》し、天の国の宮中に代わる基盤をつくっておけば、私が天の国の宮中に行けるという驚くべき事実を知らなければなりません。その王とは、何の王でしょうか。真《まこと》の愛の王です。本然のアダムとエバの位置は、真の愛の王だというのです。ですから、地上世界に王宮が出現できるように準備しておかなければなりません。（一二三―一九七、一九八三・一・二）

今、私たちがすべきことは何でしょうか。イスラエル民族がエジプトから帰ってきて、内的な父母である神様をお迎えする聖殿を建て、その次に子女のための学校を建て、その次に自分の家を建てました。アメリカにおいても、アメリカに来た開拓者たちは何をしたでしょうか。神様をお迎えするために聖殿を造り、その次に学校を造ったのです。その人たちは、一緒に天幕を張って共同生活をしながら教会を建て、学校を建て、その次に自分の家を建てて分家して

いったのです。(一七八―三〇一、一九八八・六・一二)

イスラエル民族がバビロンから帰ってきたとき、落ちぶれた自分の郷土を見ながら痛哭《つうこく》した理由とは何でしょうか。自分の故郷を訪ねてきましたが、父母の墓がすっかり荒廃し、彼らが至誠を集めて天をあがめ奉っていた聖殿が、すっかり廃墟《はいきょ》になっていたからです。神様をお迎えしていた聖堂が、すべて荒廃していました。ですから、国を取り戻す前に、これを修理して復旧しなければならず、修復しなければなりません。(一七四―一七六、一九八八・二・二八)

イスラエル民族がバビロンに行って暮らし、そこから戻ってきて最初にしなければならないこととは何だったかというと、国を指導できる聖殿を建てることです。それでは、イスラエル民族は聖殿を建てて、何をしようというのでしょうか。自分の暮らしが問題ではありません。国を取り戻さなければならないのです。イスラエル民族がカナンの福地に来たのは、国を求めて来たのです。建国のためだったというのです。エジプトを凌駕《りょうが》できる国を求めて来ました。うめき苦しんでいたエジプトでの歴史を回想し、エジプトに帰ろうと考えてはいけないのです。それ以上の国を建てようと考えなければなりません。（一七四―八五、一九八八・二・二四）

イスラエル民族がバビロンから帰ってきたとき、どこに聖殿を建てようと、反対してはいけないようになっていました。自分の最も貴い地を差し出し、聖殿を建てなければならない使命がイスラエル民族にあるのです。自分の家は、本来、聖殿を先に建てたのちに建てなければなりません。家を崩してでも聖殿を建てなければならず、土地を売ってでも聖殿の基地を準備しなければならない責任があるのです。（一七三―三一九、一九八八・二・二一）

この罪の体、罪の目、罪の手と足をもって、神聖な天の国の地をつくり、地を愛し、万物を愛することによって、神様をお迎えできる家と神様に侍る宮殿を建て、神様に侍る民が暮らすことができる、そのような国をつくるというのです。どれほど素晴らしいことでしょうか。これから皆さんがそのような所で暮らすようになれば、神様と宇宙が共に愛で抱きかかえながら暮らす、そのような息子、娘になるのです。（二六九―二三八、一九九五・四・二三）

(二) 天一国《てんいちこく》の王宮と巨文島《コムンド》

二〇〇六年十一月十五日に巨文島で平和メッセージを完結しました。ですから、巨文島が聖地になるのです。巨文島に入って精誠を捧げなければなりません。霊界に行く前に、皆さんの宿命的課題を清算しなければならないというのです。（二〇〇六・一二・二六）

巨文島といえば、十八世紀の後半、イギリスがソ連の南下を防備するために軍隊を駐屯させました。そのようなことを見れば、その当時は、イギリスが責任を果たしました。エバ国家なので、韓国においてソ連を防備できる基地を造ったのです。イギリスの大使たちが来て、エバの摂理をしたという歴史的な起源の場を造りました。それが巨文島です。ですから、ここが海洋世界の代表的な宮なのです。（二〇〇七・六・一二）

先生に付き従う人たちでさえ、「なぜ頻繁に巨文島に行くのか」と言いました。釣りが好きだからですか。違います。魚の世界を解放するためであり、海の世界を解放するためであり、そして陸まで解放するためです！　陸は海の世話になりました。天から雨が降り、陸ですべての万物が蘇生《そせい》するのですが、その雨は海から来たものです。海の浄水が雲になり、さすらいながらこの陸を生かしてくれるのです。陸は海に対して有り難く思わなければなりません。ですから、海と陸が一つにならなければなりません。（二〇〇七・二・八）

なぜ巨文島《コムンド》ですか。そこで何をしたかというと、「アベルＵＮ創設記念報告大会」をしました。なぜそこで報告をしなければならないのでしょうか。報告をする所が出発地になるからです。そこからアベルＵＮの祖国が始まるのです。（二〇〇七・二・九）

巨文島は、すべての人が訪れてくる聖地になります。ですから、巨文島に南方の国の王宮を建てなければなりません。夢のような話ですが、夢ではありません。（二〇〇七・一・一七）

自分のすべての精誠を尽くして、世界的十二支派の王宮を東西南北に建てなければなりません。十二カ月に該当する王宮を建てなければならないのです。それを造るためには、まず中心となる三つの王宮がなければなりません。天の国のモデルを中心として、第一天正宮《てんせいぐう》博物館があり、宗教圏を糾合できる第二天正宮博物館をスイスに建てることを発表しました。そして、海を代表する宮殿がなければならないのです。（二〇〇七・六・一二）

海で精誠を尽くすのです。海の宮殿を造るための巨文島です。キリスト教（宗教）の聖殿を造り、海の聖殿を造り、天の国の聖殿を造らなければなりません。私が霊界に行く前に、天の国の聖殿を造って神様をお迎えしなければなりません。旧約、新約、成約のすべてのことを清算し、情が通じないところがなく、関係を結ばないところがない、一つにならないところがない、そのような第四次アダム心情圏時代の世界として締めくくってこそ、太平聖代の解放だけではなく、釈放世界になるのです。（二〇〇六・一一・二〇）

「巨文島《コムンド》」というのは、「巨文道（大きな文氏《ムン》の道）」ということです。巨文島は「逃避城（逃れの町）」と同じであり、避難所のような場所が巨文島の天正《てんせい》宮《ぐう》博物館です。いくら罪があっても、そこでは赦《ゆる》しを受けられるのです。ですから、そこに天正宮博物館をきちんと建てなければなりません。（二〇〇七・一一・一三）

㈢ 二〇一三年一月十三日までの摂理的使命

霊界の数千億の人たちは、文総裁が誰なのかすべて知っています。世の中には私を非難する人が大勢いますが、霊界では、私を称賛する人がもっと大勢いるというのです。波は、水の多い所から少ない所へと流れていくように、世の中は、いずれそのような流れの中で浄化されます。ですから、先生が生きてい

る間に、皆さんが生きている世の中で、皆さんのすべきことを終えなければなりません。（二〇〇七・一・一七）

私は、霊界のすべての分野で指導することができます。地上で生きている人が霊界の人たちに、先祖たちに、命令し、使いをさせるのですが、それは統一教会だけができることです。ですから、世界が統一教会を迫害しても、世界が滅び、統一教会はこの位置まで来たのです。しかし、まだ行くべき道が残っています。（二〇〇七・一・一七）

世界的な本宮を建てて統一天下を成し、神様の前に奉献しなければなりません。神様にお捧げしなければならないのです。サタンがアダムを追い出すことによってこのようになったので、アダム完成の世界版図の上で、神様にお捧げする一つの祖国の地ができなければなりません。アダム以前から理想とされていたその理想と、一脈相通じ得る王宮的着地が韓国において成されてこそ、世界の統一が成されるのです。（二八〇―一四九、一九九六・一一・二四）

二〇一三年一月十三日までに全世界が完了しなければならない、途方もない課題が与えられていることを知らなければなりません。自分が自分の一族を中心として天に侍ることができる宮殿、一族の王に侍ることのできる宮殿を建てなければならない深刻な時代に生きています。

二〇一三年一月には、全世界的に一族が世界の宮を連結させて、天をお迎えしなければなりません。先生がいる時に、このような仕事をすべて終わらせなければならないのです。（二〇〇七・一一・三〇）

真《まこと》の父母は、この地に来て全体の内容を短時間に、一生を通して見せようとしますが、すべての成就は一瞬の内にするのです。その期間が統一教会では二〇一三年一月十三日までです。それは、すべてを清算、収穫して、天の倉庫に収容する時だというのです。それ以降は、新しく展開する二世、三世時代です。宗教がなくなります。（二〇〇六・一一・一四）

先生は、なぜ忙しくしているのでしょうか。八十を超えれば、休まなければならないのに、なぜ忙しくしているのかというのです。私が毎日のようにせきたてなければ、巨文島《コムンド》の摂理が何年かかるか分かりません。自分が死の病にかかって手術しなければならないとすれば、数カ月も手術を延長できますか。それよりもっと急がれているというのです。（二〇〇七・二・二六）

一世一代の艱難《かんなん》の大転換期が、今の時代です。二〇一三年までは、サタン世界のあらゆるものが発悪をする時代です。息子が父を否定する、恐ろしい時代が来たので、しっかりと目を覚まして生きなければなりません。霊界のすべての実相を知っている人は、どのように生きるべきかをみな知っているのですから、み言《ことば》どおりに生きなければなりません。このことを肝に銘じてください。

(二〇〇七・五・二六)

第三節　環太平洋文明圏時代の韓国と日本

(一)　環太平洋文明圏時代の韓国と日本

今の世界情勢を見れば、韓国はアジアの情勢において、最も重要な位置にあります。日本は、アジアの海洋国としては最も重要な位置にあります。太平洋を中心として海に連なっている国は、日本と関係を結ぶことを願います。

なぜかというと、大陸と連係しようとすれば、島国を中間に置かなければならないからです。ですから、西欧文明は、東洋に向かって戻ってくるというのです。西欧文明は、太平洋を通して入ってきます。そのようになる場合には、西欧文明は日本を必要とするのです。（一九八三・四・三）

島国と大陸は、女性と男性を象徴します。ですから、文明というものは、半島を通して連結されるのです。海洋に通じ、地に連結された半島を中心として連結されます。インド半島を中心としてインド文明が始まり、イタリア半島を中心としてヨーロッパ文明が始まりました。ローマ教皇庁を中心とするイタリアから発展したのです。

ですから、これを破綻《はたん》させられない、このような天理の運と天理の観が象徴的に連結されるので、イタリアを中心として千年以上の文明を形成しているのです。崩れません。それでイギリスもアジアを占領するとき、シンガポールを占領したのです。それは半島です。ベトナムも半島です。韓国も半島です。いつも半島が問題です。世界の文化の潮流に定着できるか、定着できないかという所が半島です。

そのような立場で見るとき、イタリア半島と地中海のように世界的な太平洋を中心として、このような関係になっているのが韓半島と日本です。日本には四つの大きな島がありますが、この四つの島が完全に聖別され、韓半島を包まなければなりません。ヨーロッパ文明は、ローマ（イタリア）半島と地中海を中心として文明の中心圏になりました。韓国を中心として日本が一つになれば、それが今後、太平洋文明圏になるのです。（一九九四―二五五、一九九八・八・五）

日本が、島嶼《とうしょ》文明圏をもつ国として大陸と連結しようとすれば、それを連結できる所は必ず半島でなければなりません。半島と言えば、マレーシア半島があり、インドシナ半島がありますが、それらは、日本の島嶼文明と連結できる文明的背景、すなわち現代文明を受け継ぐことのできる背景基盤をもっていません。

そのような立場から見るとき、アジアにおいて東北地域に位置するこの韓半島だけが現代文明を受け継ぎ得る地理的与件を備え、日本と接近できる位置にあります。大陸と接触するときに、大陸自体に直接接触するよりも、半島を経なければならないのです。ですから、いつも文化交流の役割を果たしたのは半島です。そのような意味から見るとき、韓半島が東洋と西洋の文明を結実させ、結合させる橋梁《きょうりょう》の役割を果たしてきたのです。

神様は、必ずこのような半島を中心として摂理をされるので、この民族は、その文明を受け継ぎ得る背後を収拾する歴史を経てこなければならないと見るのです。（七八―三〇九、一九七五・六・一〇）

日本と韓国は、摂理的に見れば一つの国です。日本の人々は、韓国語を学ばなければなりません。摂理的にそうです。韓国は、地政学的に見てもイタリアと同じです。イタリアで王権を中心として天下の統一をしようとしましたが、それができなかったので、韓半島をイタリアの身代わりとして立て、イエス様の死によって失ってしまった体を、ここで統一しなければなりません。そして、世界史的キリスト教文化圏の完成を中心として、統一教会と共に心身一体、統一を成さなければならないのです。そのように統一されたアジア大陸から世界文明圏に進出することにより、太平洋文明圏時代を迎えるのです。（二二七―三四〇、一九九二・二・一六）

日本はエバ国家です。そして、韓国はアダム国家です。半島は、世界文化を創建する所です。今までイタリアは、千年以上の文化圏を中心として、滅びたことがありません。いつも強国の隊列で権威を備えてきました。文化は、いつでも半島が主軸となるのです。

そのようなことが太平洋文明圏時代において、韓半島を中心として展開します。日本と韓国が一つにならなければなりません。ですから、日本は、キリスト教が間違ったこと、イギリスが間違ったことを、すべて蕩減《とうげん》復帰しなければならないのです。また、ローマ教皇庁が間違ったことを、韓半島を中心として収拾しなければなりません。ローマ教皇庁以上、キリスト教以上、再臨以上の王宮圏をつくり、イエス様の体をアジアで失ってしまったので、再びアジアにおいて、キリスト教文化圏を霊的、肉的に合同させ、統一文化圏をつくらなければなりません。（一二二六―一二三四、一九九二・二・二）

(二) 母の国として召命された日本

統一教会の途上において、歴史的な価値ある犠牲の基盤を、死んでも受け継いでおかなければなりません。統一教会のためにしなさいというのではありません。神様のために、人類の解放と平和の理想世界のためにしなければならないのです。死んでも、死んでも成し遂げなければなりません。そのような使命を目の前に置いている日本だということを、日本の女性たちは忘れてはいけません。

私は韓国の男性であり、皆さんは日本の女性です。怨讐《おんしゅう》です。運命づけられた闘いの因縁というものが男性と女性の関係です。ですから真剣です。皆さんの国の負債のために、このように先頭に立っている先生の心情を理解できる人はいません。日本のすべての女性たちに火をつけるのです。一人が二人に、二人が四人へと倍加して、六千万の日本の女性たちの心の中に、心情の場だけでもつくらなければなりません。

それが真《まこと》の父母が願うことです。真の父母は、その道を歩んでいるのです。一度として安心して眠ったことがありません。それで、夢の中で神様が慰労するというのです。「あすこのようなことがあるから、あすも耐えてくれ！」と。そのような内的な天のお父様の訓戒に背かず、自分の生涯を忘れてでも、行く道を忘れてでも、世界を忘れることがあっても、それを正しく立てておかなければならないのが天から召命された日本、エバ国家の使命だということを忘れてはいけません。

国自体がそれをやらないので、各自が国を代表して、そのような心情に燃えて天の召命を完遂するために追求、追求して先頭に立ち、真剣に歩む女性たちが日本の地に現れたとすれば、神様は、その女性たちを高く掲げて、万宇宙と世界に誇り得る一日をどれほど待ち焦がれるだろうかというのです。それが神様の心情です。（二五六―一五八、一九九四・三・一二）

第三章

天一国《てんいちこく》主人の召命的責任

第一節　天から召命された家庭

(一)　天から召命された家庭

皆さんには天の召命的責任があります。皆さんが統一教会に入ってくるとき、ただ入ってきたのではありません。皆さんの先祖たちの功績があるので入ってきたのです。ですから、先祖たちの思いを成し遂げてあげるべき責任がありまず。因果法則は不変の真理です。蕩減《とうげん》法則というものは、摂理の最後まで人間世界に適用されることを知らなければなりません。ただはありません。そのまま無事通過することはできないというのです。（二二三—一一七、一九九一・一一・一六）

天の召命というのは、呼ばれてきたということです。命令によって呼ばれたということです。これは、自分は東の方に向かっているのに、ある絶対的な中心によって、「西の方に行きなさい」と新しい命令を受けたということです。その命令が東の方から来たとしても、東の方の人たちに命令されたのではありません。中心を通して命令を受けたのです。その中心は、すべてのものの希望の基準を代表できる中心なので、天から召命された人は、全体の中心に対して相対的役割を果たさなければなりません。（一八八―二五五、一九八九・三・一）

天地を統治することができ、天地を安息させることができ、天地を統一できる真《まこと》の愛を中心として天から召命され、選び立てられた家庭、これ以上に祝福されたものがどこにあるでしょうか。過去の歴史時代は、今まで個人召命を受けるために努力してきたのであり、「家庭召命」という言葉がありませんでした。

これまで宗教界には「家庭召命」という言葉がなかったのです。しかし今、統一教会では家庭を召命するのです。（一八八―二九八、一九八九・三・一）

この世の中を見るとき、その国が理想的な国になり、その国が平和の国になり、標準となる国になろうとすれば、どのようにしなければならないでしょうか。

標準となる国になるためには、標準的個人がいなければなりません。個人の中で、標準的男性がいなければならず、天の召命の基準に合格した女性がいなければなりません。そして、天から召命された基準に合格した男性と女性が、天から召命された立場の夫婦にならなければならないのです。

男性の愛と女性の愛が、神様が願う本来の男性の愛と女性の愛の基準に一致できるようになるとき、そのような夫婦は、すべてを代表する基準で天の召命を受けた夫婦になります。そのような夫婦になり、そのような父母になって息

子、娘を生むとき、天から召命された家庭の道が生じるのです。（一八八―二七三、一九八九・三・一）

家庭を召命するにおいて、誰が召命するのでしょうか。神様と真《まこと》の父母が、世界を代表する立場で召命するのです。それでは、神様はどのような方ですか。縦的な真の父母です。縦的な真の愛を中心とする父母であり、横的な真の父母が真の父母です。堕落していない父母として、真の愛を中心に横的な父母と縦的な父母が一つになるのです。これは世界的です。この世界をすべて球形にするのです。球形を成すこの版図を代表して天から召命されたのが皆さんの家庭だというのです。

ですから、皆さんが家庭さえ完成すれば、メシヤは必要ないのです。世界をすべて天国に送り、神様を解放し、万民を解放し、真の父母を解放した場ですべて天国に送り、そして初めて皆さんが天国に入っていける家庭的因縁をもつ

ことができるというのが天から召命された家庭です。（一八八―一九八九・三・一）

㈡　天から召命された家庭の使命

天の召命を受けること以上の栄光はないことを知らなければなりません。天が私を頼り、多くの人の中から私にこのような命令をされたことを、無限の福と考えなさいというのです。皆さんは、そのような伝統を立てなければなりません。私たちの家庭が行くべき道は、そのような道です。天の国の忠臣の道理を果たしていくのです。（九〇―一一一、一九七六・一〇・二二）

今日、私たちが天から召命された目的は、どこにあるのでしょうか。神様が求める世界を主管できる一つの国のためであり、より価値のある一つの国のためです。歴史上、いかなる国よりも優位に立ち、歴史的な伝統を誇り得る一つの国家と国民になり、お一人の主権者に侍ることが私たちの使命です。（五七―七〇、一九七二・五・二八）

皆さんと私は、ここに何を残さなければなりませんか。皆さんは私と何を残そうというのですか。変わらない愛、唯一の愛、永遠の愛を残さなければなりません。愛を残さなければならないのです。皆さんが永遠の愛、不変の愛、唯一の愛を社会に残さなければなりません。神様と多くの人に対して、私たちは、そのような愛の因縁を結ばなければならないのです。（九九―七〇、一九七二・五・二八）

真《まこと》の愛は良いものですが、その良いものが苦痛の道か、行楽の道かというと、苦痛の道です。苦痛を味わったのちに甘い味があるのが真の愛の道です。世の中の愛は、良いものを求めながら、あとから苦痛が来るのです。反対です。世の中の愛は、良いと思っていて苦痛が来ますが、天の愛は、苦痛が先で良いものがあとに来ます。したがって、私たちが天の召命を受けたのは、このような変わる世の中に、愛のない世の中に、一次的で破壊的な世の中に、不変で、唯一で、永遠の愛を残すためだということを知らなければなりません。（九九―七〇、一九七八・七・二三）

第二節　天から召命された家庭が行く道

(一)　真《まこと》の家庭が行かれた召命の道

私は、妻子を犠牲にしてこの道を来ました。私がこの道を出発するとき、私の父母、私の一族に侍ってこの世界の福をあげようとは思いませんでした。忠臣の行く道は、国を愛することによって国と一つになり、そうしてから家庭を訪ねていって愛するのです。それが忠臣の行く道です。聖人が行く道は、自分の国を捨てて世界の人を訪ね、世界の人と共に国のために生きる道を紹介してあげるのです。聖子《せいし》の道は、天の国の王子としてこの地に生まれ、天法をすべて遂行してから、天の国と共に愛そうというものです。これが聖子の行く道だというのです。

それを知っている私は、一生をそのように行こうと、今も歯をくいしばって闘っているかわいそうな男です。子女を抱え、妻を抱え、一家を抱えて行くからといって、それが幸福なのではありません。その一家が越えていかなければならない太平王国がなければならず、一国が泳いでいくべき世界の舞台がなければなりません。その世界の舞台を泳いでいき、霊界の舞台である天の王宮圏に一致できる、その場にまで行かなければならないのです。それができずに離れていけば、嘆息の生活と苦役の生活をするようになります。ですから、絶えず十字架の道を行くのです。（一七二―三三二、一九八八・一・三一）

統一教会の文《ムン》先生が皆さんより先に神様から召命されました。ですから、天から召命された基準を標準として合わせなければなりません。そして、先生の人生を皆さんが手本にしなければなりません。先生は、自分の家庭を中心として生きたのではありません。神様が召命されたのは、この世界をすべて救い、人類を羊の囲いに導くためです。その日が安息の日になるのです。

ですから、家庭をほうっておいてでも氏族を救わなければならず、救ったその氏族をほうっておいてでも民族を求めてさまよわなければならず、民族を救えば世界、世界を救えば天地、天地を救えば神様を尋ね求めていかなければなりません。そして、新しい天地の本然の基準の前に、伝統的創造理想基準の王宮を造っておいて、神様をお迎えすることができてこそ、メシヤとしての使命が完成するのです。（一八八―二八九、一九八九・三・一）

困難な問題がある時、お金が必要な時も、「お金を下さい」と祈祷したことは一度もありません。私が責任をもつのです。このような闘いをしながら、体をもってサタンを屈服させる道までも完成させました。心の世界も、サタン世界に属するそのような心ではありません。それを越えていける心の世界をもち、肉的世界までもサタンと闘って勝利的基盤をつくり、神様を地上に着陸させなければならないのが先生の生涯の標準だったのです。

それを越えて新しい孝心の道理、国を代表する忠臣の道理、世界では聖人の道理、聖子《せいし》の道理の心をもって天上世界の神様に侍り、地上世界の体のために汚されていない勝利の覇権基盤を通して、地上まで着地させなければならない天の召命的責任を果たしてきました。その身もだえしてきた事情は、神様だけが御存じです。（三〇二―二四三、一九九九・六・一四）

統一教会の皆さんは、天の召命を受けてレバレンド・ムーンを通してみ旨の道に立ち上がったのなら、天から召命された者として、何のために天から召命されたのか、私はどこに行くのかを知らなければならず、私はこのように行かなければならないと決心したなら、その道の何分の何の所に、何合目の尾根にいるのかということを知らなければなりません。人が一度決心すれば、その決心したことを中心として確定させなければならないのです。イエスかノーか、答えなければならないというのです。

それは、先生も同じです。天の前に私が約束し、「これこれこのような道を必ず行くと決めたのなら、私の同役者が背いたとしても、私の父母が背いたとしても、私の妻子が背いたとしても私は行きます。私の民族が背き、私が生きる統一教会自体が背けば、これを掃き捨ててでも私は行きます」、私は天の召命を受けたその日から、このように歩んでいるのです。今も歩んでいます。あすも歩みます。その道は、早く行くほど良く、遅れるほど良くないのです。なぜならば、そこには数千万の生命が地獄行きの列車に乗って、みな地獄に落ちていっているからです。（九九―三二二、一九七八・一〇・一）

(二) 天から召命された家庭が行く道

天から召命され、その目的地に向かって行く道というものは、自分の意志どおりに行ける道ではありません。必ず、私を召命されたその方の明確な意志によって行かなければならない道です。行けなかった歴史的召命の路程が、私たちの前に行くべき道として明確に残っている事実を、私たちははっきりと知らなければなりません。ですから、個人として行くべき道が残っているのであり、家庭として行くべき道が残っているのであり、大韓民国として行くべき道が残っているのであり、さらには、アジア、全世界が行くべき道が残っているのです。（九九—二九一、一九七八・一〇・一）

この道は、民族が異なり、歴史的伝統が異なり、環境的習慣が異なるとしても、自分の意志で行ける道ではありません。東にも行ず、西にも行けません。定められたその目標に向かって行かなければなりません。自分が行けなければ、子孫が行かなければならず、子孫が行けなくなれば、さらに歴史を懸けてこの道を開拓していかなければならない、そのような道が残っていることを私たちは知っているのです。ですから、神様のみ旨の道に向かっていかなければなりません。そのみ旨の中では、私個人が包括されているのであり、私たちの国と私たちが生きている世界が包括されています。(九九―二九一、一九七八・二〇・二)

この道は、あまりにも遠い道です。私たちの一生の道だけでも、一生をどのように行くのか、どのように生きるのか、あるいは闘争の歴史だ、苦難の歴史だと悲鳴を上げながら行かなければならないことを考えると、この個人を越えて全世界が行くべき道というものが、どれほど悲惨なものであり、どれほど苦痛なものであり、どれほど残酷なものかと思うのです。このような道を越えていくために私たちは、天の召命を受けたことを知らなければなりません。

それでは、終わりの日というのは何でしょうか。終わりの日は、この天の召命圏が今日の私たちの国家圏内に、あるいは自分の家庭圏内に制限されている時代ではありません。個人として存在していますが、その個人が世界と連結される時代であり、家庭として存在していますが、その家庭が世界と連結され得る時代です。そして、世界と連結されたその時代が現世のものとしてのみ残っているのではなく、それぞれの時代がみ旨と連結して通じる、そのような時が終わりの日なのです。その終わりの時は、歴史的な全体の路程を新たに清算し、勝利という決定的な一つの限界点を立てて飛躍できる時です。（九九―二九一、一九七八・一〇・一）

第三節　天一国《てんいちこく》主人の召命的責任

(一) 天一国主人の召命的責任

①真《まこと》の主人を求める万物

アダムとエバを通して喜びを享受しようと被造万物を造られた神様は、アダムとエバの堕落によって、造られたすべてのものを失ってしまいました。アダムとエバも失ってしまったのであり、万物も失ってしまいました。そして、考えもしなかったサタンが、創造主、神様の立場に代わって万物を主管してきているのです。これが神様の悲しみであり、今まで復帰歴史路程において、神様の心情に似るために天に向かって祈ってきた、良心的な人たちと聖徒たちの悲しみとして残っています。

もし、ある被造物を立てておいて、「願いは何か」と尋ねれば、その被造物は何が願いだと答えるでしょうか。それは、いかなる存在物も、「主管主、神様を求めること」と答えるでしょう。このように、万物万象が求めているものは真の主管主である神様だということを神様御自身もよく御存じなのですが、神様は、このような万物を直接主管しようにも主管できない立場にいらっしゃるのです。これが天の悲しみです。

今、主管主、神様を失ってしまった被造物の中の一つである今日の私たち人間が、体と心で願う希望とは何でしょうか。被造万物全体が願い、理想としていることと同じように、主管してくださっていた創造主、神様、その神様が再び直接主管してくださることです。

今日の私たちには、このような希望とみ旨を成し遂げるべき使命があり、それを完遂するための召命を受けています。ですから私たちは、神様の主管性を復帰しなければならず、それとともに、万物の主人としての主管性も復帰しなければなりません。そして、神様が主管してくださる恩賜に対して、感謝の栄光をお返ししなければならないのです。このような責任は、万物にあるのでもなく、天の天軍天使にあるのでもなく、今日の取るに足らないような私たちにあるということを知らなければなりません。（一一一九、一九五六・六・二七）

②第二の主人になるべき私

神様のみ旨とは何でしょうか。真《まこと》の愛です。すなわち創造理想を完成しようということです。神様の創造理想を完成するとはどういうことかというと、四《よん》位《い》基台を完成しようということです。アダムとエバが結婚することによって神様と人類が一つになれば、万物がすべてその愛の上で一体になるのです。ですから、一つになって神様を占領し、創造された被造物を占領できる第二の主人になろうということです。神様は見えない主人であり、私たちは見える主人です。神様は内的神様であり、私たちは外的神様になろうというのです。（二七六―二五三、一九九六・二・二四）

なぜ結婚しなければならないのでしょうか。結婚するのは、万物の主人として決定されるためです。このすべての被造世界は成熟したものとして立てられていますが、人間だけが成熟できていない位置にいるので、成熟する時を待ち、成熟すれば、すべての万物の霊長であるアダムとエバ自身も、必ず男性と女性の愛を中心として一つにならなければならないのです。（一九六―二二二、一九九〇・一・二）

結婚する前は、神様が主人の振る舞いをします。所有の主人です。宇宙の主人であり、その主人の相続者がアダムとエバでした。ですから結婚する前は、その所有権が神様のものですが、真《まこと》の愛の関係によって神様と一体理想を成せば、神様の所有が私の所有になるのです。結婚する前日までは、宇宙の所有権は神様にあるのですが、その所有権が私のものにならなければならないのです。私が二番目の所有の主人にならなければならないということです。(二八四―一〇三、一九九七・四・一六)

③父母に侍る生活

本来、神様と人間との関係は、死んでも一緒に死に、生きても一緒に生きる、永遠に変わることのない父子の関係だったのですが、人間たちは、堕落によって四千年間、神様と父子の関係を結ぶことができないまま生きてきました。ですから、すべての人間は、神様と父子の関係を完全に結ばなければならないの

が天倫の因縁です。（二一―二三四、一九五七・六・二）

神様を心の中に迎えて侍り、私たち人間が体の立場から完全に一つになり得る起源をつくらなくては、この悪魔世界を清算できません。このような観点から見るとき、侍る時代、すなわち侍義の救援時代だとみなすのです。侍ることによって救いを受けるのです。神様は、あの空の遠く彼方にいらっしゃるお方ではありません。私たちの生活圏内の主体者としていらっしゃるので、神様に侍らなければなりません。（一四四―二七四、一九八六・四・二五）

神様は、妄想的な神様や、観念的な神様ではありません。抽象的な神様ではないのです。生活の中で主体性をもち、私たちが生活している生活の主人として、常に共にいらっしゃるのです。侍られているだけではありません。共同の真の愛を中心として、共同生活をしていらっしゃる神様です。（一六八―一一一、

一九八七・九・一三)

神様と真《まこと》の父母をお迎えしなければなりません。神様と真の父母が縦的な父母と横的な父母であり、二つの父母が一つになることによって、初めて私が出てくるのです。神様は縦的な父母であり、完成したアダムとエバは横的な父母であって、この二つの父母が一つになったその上で、統一が成され、天国と神様が連結されるのです。ですから、神様と真の父母をお迎えしなくては何もできません。(二六〇―一八九、一九九四・五・八)

皆さんは、実体の神様の立場に立っている真の父母が恋しくて、泣かなければなりません。しきりに会いたいと思わなければなりません。一膳でも御飯を炊き、一杯でも水をくんでおき、そのようにしながら侍りたいと思わなければなりません。そのような、切実な心をもたなければなりません。涙が先立つ心情をもっていれば、できるのです。そのようにすれば、先生を中心として心情一致が成され、先生と共に呼吸することにより、先生の人格基準と、それを後ろ盾する先生の過去と、そこに絡まった事情がどのようになっているのかを知るようになり、さらにはそれを相続し、引き継ぐことができるのです。（三八―七四、一九七一・一・一）

アダムとエバは、エデンの園で堕落して、その堕落圏内で生活したので、直接的な侍る生活をしてみることができませんでした。侍ることができなかった人間には、天国に入っていく資格がありません。

しかし、皆さんは、堕落の血統を受けて生活したとしても、復帰の路程を蕩《とう》減《げん》し、アダムとエバが侍ることができなかった真の父母に地上で実体をもって侍り、神様に侍って生きてから逝《い》ったという条件を立てることにより、天国に入っていける資格をもつのです。それで、天国の市民権を得るようになるとい

うのです。（一五〇―二三三、一九六一・四・一五）

真《まこと》の父母は宇宙を代表する位置です。その真の父母に対して相対的な存在が、私たちの家庭の父母です。ですから、この宇宙を受け継ぐ価値的存在として父母に対さなければ、この原則に一致しません。堕落していなければ、自分を生んでくれた父母がそうだというのです。

本然の真の父母の代身になるのが肉親の父母です。肉親の父母を、この宇宙を受け継ぐ真の父母の代わりとして愛さなければ、本然の父母と連結される道がなくなります。父母を敬いなさいという思想がここから出てきます。それで、肉親の父母は、子女が父母を愛するよりもっと愛そうとし、子女は、父母が自分を愛する、それ以上に愛そうとするのが真の父子関係です。（一六一―三〇七、一九八七・三・一）

④真の主人、神様の真の子女は聖子《せいし》

神様を中心とする直系の息子、娘になるためには、どのようにならなければならないのでしょうか。天の国の法には、王宮法と国法があります。地上にも王宮法と国法があります。

聖子になるためには、天の国の王宮法と国法に精通しなければならず、それを守り、愛することができなければならず、地上世界の国法と王宮法を愛することができなければなりません。心身を通してこの四大法を完全に遂行し、そのように愛するようになるとき、聖子になるのです。神様の息子、娘である聖子になるというのです。（二六二—一三七、一九九四・七・二三）

聖人になったとしても、聖子にはなれません。神様の息子にはなれないというのです。ですから、聖子にならなければなりません。いくら国王を愛し、民

を愛したとしても、聖子《せいし》になるためには、天の国の王宮法を知らなければなりません。王宮法に従い、そこに拍子を合わせることができなければならないのです。天の国の王宮法を知ってこそ、天子になるのです。神様の息子になるということです。(一四七―二八一、一九八六・一〇・二)

聖子は、神様はもちろん、天と地を愛そうとします。天と地の愛の圏だけではなく、天国の王宮法まで愛そうとされるのです。聖子は天国の王子なので、天国の王宮法も守り、地上世界の王宮法もすべて守らなければなりません。その上で天国の王孫たちも愛し、天国の民たちも愛し、地上の国の王孫たちも愛し、地上の国の民たちも愛さなければなりません。

そのようにして、二つの世界の宮殿と、二つの世界の民を愛せるようになる時に、神様の息子だというのです。神様の息子は、この地上の民も必要であり、この地上の王族たちも必要であり、あの世の民も必要であり、あの世の王族も

必要とします。そのようになってこそ聖子になるのです。（二二九―一八三、一九九二・四・一二）

聖子は、国法を中心として、遂行できるすべてのことを理解しなければならないのはもちろんですが、王宮法や王に侍って暮らす生活に背く生活をしていては、王子になることはできません。彼は、王宮の法を中心として越えていく場において、王と共に永遠に一緒に暮らしたいと思う人です。王にとってもその息子がいなければならず、息子にとっても、彼の父である王がいなければなりません。そのような、永遠に一緒に暮らそうと言える立場に立った人がいれば、彼を見て私たちは「聖子だ」と言うのです。（一四八―二五八、一九八六・一〇・一二）

聖子の生活とは何でしょうか。天の国の法を守ると同時に、その聖子は、天の国の王権を付与される立場なので、天の国の国法まで守るのです。一般の人の生活だけではいけません。内的生活も、次元の高い天の国の王宮法、王宮で守る法までも体恤《たいじゅつ》できるように生きていかなければならないということです。

そのようにしようとすれば、どうすべきでしょうか。地上において、父母様や統一教会のすべての食口《シック》たちが、「その人がいなければならない」と言って探し回る、そのような中心存在として立ち得る生活の過程を経ていかなければなりません。(一八一―三二七、一九八八・一〇・三)

(二) 祝福中心家庭の召命的責任

①祝福家庭は中心的、代表的家庭

祝福を受けた家庭は、五十億人類の五十億分の一ではありません。五十億人類を代表しているのです。代表的家庭であるアダムとエバの二人で出発したものを失ってしまったので、代表的家庭として、世界中のすべての男性と女性に推薦させ、その代表者の一人一人として残った者を引き抜いてきて、組み合わせた結婚が祝福結婚です。代表的家庭は、地上の頂上でしっかりと押さえれば中心的家庭になるのです。（二六七―一四八、一九九五・一・四）

祝福を受ける位置は、大韓民国の金《キム》氏ならば、金氏の息子として祝福を受けるのではありません。神様の直系である堕落前のアダムとエバと、同じ位置で祝福を受けるのです。それは、どういうことでしょうか。その家庭を中心として、全体を代表しているということです。

アダム家庭が全体の代表となり、アダム家庭の一点を中心として宗族《そうぞく》が連結され、氏族が連結され、世界まで発展して一つになり、それをしっかり押さえておけば、一点を中心として球形と円形に発展するのです。それと同じように、中心者であるアダムと同じ本然の種の位置を自分が再び譲り受けたので、アダムが成そうとしていた氏族、民族、国家、世界の型と、等級は違っても同じ内容の価値をもつのです。(二六三―一九六、一九九四・一〇・四)

祝福を受けた家庭は、名実共に世界を代表した家庭です。したがって、世界を代表した家庭として、真《まこと》の父母の血族と氏族、民族、国家の数多くの血族の前に恥ずかしくない、神様を身代わりした家庭にならなければならないということは間違いのない事実です。このような意味で代表的家庭であり、中心的家庭です。そのようになることによって、アダムとエバの家庭と私の家庭が同じ価値になるのです。(二六三―二〇四、一九九四・一〇・四)

②聖子《せいし》の家庭

神様は、孝子の家庭を慕いました。家庭の孝子、家庭の孝女ではありません。孝子、孝女の家庭を願ったのです。孝子の家庭です。その次には、忠臣の家庭です。家庭自体が忠臣です。また、家庭自体が聖人にならなければなりません。聖人の家庭にならなければなりません。そして、家庭自体が聖子の家庭にならなければならないのです。それが神様の伝統の歴史であり、慕い願った希望であることを知っているので、先生もその法度に従って今まで生きてきました。
(三〇四―一二二、一九九九・九・一〇)

孝子の道理、忠臣の道理、聖人の道理、聖子の道理を、愛を通してすべて連結させなければなりません。それがアダムとエバの代表的家庭です。頂上の家庭です。頂上で結婚すれば、地上に着地するのです。天上から愛を中心として着地すれば中心家庭になります。それは聖子の家庭であり、聖人の家庭であり、忠臣の家庭であり、孝子の家庭だというのです。永遠にそれが種になります。

実はすべて同じです。この原則に立脚した人になることによって、千代万代、間違いなく天の国の民になるのです。(二六三―一四八、一九九四・八・二二)

皆さんが本当に孝子になり、忠臣になり、聖人、聖子《せいし》の道理を果たそうとすれば、孝子の家庭をつくらなければなりません。神様が願われた孝子の家庭を、この地上に一つもつくることができませんでした。国を代表する忠臣の家庭に出会うことができなかったのです。聖人の道理圏内で、世界の聖人を中心とする一つの家庭に出会うことができなかったのであり、イエス様が願った聖子の家庭に出会えませんでした。聖子の家庭に出会うために、再臨時代に小羊の婚宴が始まるのです。その小羊の婚宴で初めて、聖子の家庭に孝子の権限を受け継ぐことができるというのです。

ですから、聖子の家庭が、家庭的基準の家庭と、国家的基準の家庭を越えて最高の位置に立つことによって、真《まこと》の父母の家庭がこの地上に定着するのです。

真の父母の家庭が地上に定着すれば、孝子の家庭をもてなかったサタン世界、聖人の家庭と聖子の家庭をもてなかったサタン世界、聖人の家庭をもてなかったサタン世界は、聖子の家庭を代表し、聖人、忠臣、孝子の家庭を代表する家庭に侍ることに対して、反対する道がないのです。そのような家庭をつくらなければなりません。（二九七─二八〇、一九九八・一二・二二）

皆さんの家庭は、アダム家庭の代身家庭にならなければならず、イエス様の代身家庭にならなければなりません。アダム家庭において、アダムが孝子になれませんでした。堕落したためにそのようになったのです。完成した皆さんの家庭で、皆さんは、天の前に歴史にない孝子にならなければなりません。そして、イエス様がイスラエルの忠臣になれませんでした。国がありません。国を取り戻すために忠臣が死んだので、国をもてなかったイエス様に対して、国を取り戻して守らなければなりません。その次には、聖人になれませんでした。

世界のための、このような基盤が連結できなかったというのです。その次には、聖《せい》人の家庭の中心代表にならなければならず、その次には、イエス様以上の聖子《し》の家庭にならなければなりません。そうしてこそ、天の国の愛を中心として全体を神様の所有に返還できるのです。

堕落していない本然の旧約時代、新約時代、成約時代において、完成したすべてのものが神様の所有権となり、神様の前に同じ子女として立つことによって、初めて祝福が展開するのです。相続が始まるというのです。

個人や家庭では相続できません。国家時代となる第二イスラエル圏でもできません。第三イスラエル圏を越え、天宙基盤を越え、サタン世界や地獄のすべてのものを蕩滅《とうげん》解消させ、すべてのものを越えた、その場に上がってこそ、神様から相続を受けるというのです。(三〇二―二八三、一九九九・六・二六)

(三) 氏族的メシヤの召命的責任

①天の国の皇族圏

神様が理想とされた本来の天国という所は、天の国の王宮を中心とする王族として出発し、王権を受け継ぐことのできる長孫（長子の長子）を中心としてたくさんの兄弟が生み増え、横的に展開することによって皇族を中心とする一族を成し、皇族を中心とする民族を成し、すべてが愛を中心として一つになって暮らしてから、入っていく所です。神様の愛を中心とした王権を中心として因縁が結ばれ、王に侍って愛で一つになって暮らしてから、入っていく所が天国です。（二五九―一〇、一九九四・三・二四）

アダムとエバは、長男権と長女権をもっています。長男と長女が成熟すれば、真《まこと》の愛園の中心になるので、真の愛の主人になるのです。真の愛の主人が真の父母になります。その父母を中心として見てみれば、そこには長孫を中心として傍系の兄弟がいます。兄弟が十人なら、傍系はそこから国民になり、長孫は王宮を受け継ぐ未来の王になるのです。ですから、天国に行くためには、王孫の直系と傍系の心情を体恤《たいじゅつ》しなければなりません。（二二九―三三六、一九九二・四・一三）

天国をなぜ失ってしまったのかというと、天国の王と、天国の心情圏と、天国の王族を失ってしまったからです。ですから、天国の国民と、天国の王族と心情圏と、天国の神様を連結することによって天国が復帰されるのです。

王族圏の結実というその基準を通過しなければ、天国に入っていくことができません。それが最後の結論です。ですから、長子権、父母権、王権の復帰は、この基準を意味するのです。王権復帰の立場に立てば、神様の前には長子になり、真《まこと》の父母の立場に立つのです。ですから、王権復帰の出発がここを中心として連結されます。祝福というものは、このような神様の王宮の王族圏の相対圏に直接的に立ててあげたことです。それが祝福です。(二一八―三五七、一九九一・八・二二)

家庭から出発したその悪の父母の枝を蕩滅《とうげん》復帰しようとすれば、家庭を通過しなければなりません。偽りの愛を中心として出発し、サタン世界に生まれた人たちなので、蕩滅復帰をしてアダムの本来の理想的な愛の王宮圏を通過しなければなりません。そして、そこから連結されるのが天国の王宮と天の国です。このようにして真の愛の王宮圏という交差点を通過すれば、そこから地上天国と天上天国が始まるのです。そのように体恤しなければなりません。その過程を通過していった人は、堕落していない天国の国民になり、その王宮の王族になるのです。(二一八―三五七、一九九一・八・二二)

②氏族的メシヤの召命的責任

アダム家庭というものは、王宮の出発地です。その皇族が増えていけば民ができます。それで、長子権を中心として、氏族を中心として、その氏族が王権を受け継げば、その次の傍系的氏族たちは民になります。それが原則です。ですから皇族です。私は天の国の皇族だという意識をもってこそ、アダム家庭の本然の基準に戻るのです。ですから、皆さんは氏族的メシヤです。氏族的メシヤとは、父母であり、王です。長子権を代表し、その氏族の王権、氏族の父母、氏族の長子まで相続するのです。(二一八―六九、一九九一・七・二)

氏族的メシヤの使命は何だと思いますか。氏族的メシヤというのはイエス様の位置を意味します。イエス様が失敗せずに祝福を受けて息子、娘を生み、その息子、娘が天の国を代表し、イスラエルのユダヤ教とイスラエルの国を代表する、そのような位置です。ですから、氏族的メシヤという名称がどれほど驚くべき名称か分かりません。氏族的メシヤという名称は、皆さんが見下して見るようなものではありません。歴史始まって以来、初めて出てきた言葉です。（二二四―一一五、一九九一・一一・二二）

氏族的メシヤの使命は、完成したアダム、天宙の父母と国家の精神を受け継ぎ、その種を受けて植えることだということを理解して、第一次アダムの失敗、第二次アダムの失敗を完全に解消させなければなりません。第一次アダムの子孫、第二次アダムの子孫、第三次アダムの子孫が一つになって統一され、左右に天の王宮の皇族圏が建設されるようになることによって、天の国の眷属《けんぞく》になったものには、地獄があり得ません。ですから地獄の解放が可能だというのです。（二二二―二二五、一九九一・一〇・二〇）

家庭に入っていって家庭を収拾しなければなりません。氏族的メシヤとなって早く一族を、家庭を解放しなければならないのです。氏族的メシヤは、家庭的メシヤです。メシヤは真《まこと》の父母です。これは家庭の真の父母であり、これが氏族の真の父母、民族、国家と世界の真の父母、このように延長すれば神様と通じるのです。天の玉座が地上に連結された軸は一つしかありません。これが大きく広がれば、天国の王宮ができるのです。(二四九—二六三、一九九三・一〇・一〇)

終わりの日には、自分の家族が怨讐《おんしゅう》だと言いました。それは、今この時間にも、統一教会の人たちに対して語っていることです。ほかのところに対して語っているのでもなく、既成教会に対して語っているのでもありません。行くべき道を行けない立場になれば、それは時を失うのです。種を蒔《ま》く日を数日だけでも逃してしまえば、その種は、いくら蒔いても仕方がないというのです。(二

二四―一五、一九九一・一一・二一）

第四節　天一国《てんいちこく》主人の召命的責任を果たすには

㈠ 欲心をもたない

天の召命の道に従っていくにおいては、常に内的な闘争があります。特に責任者は、内的な闘争をかき分けていくことをきちんとしなければなりません。責任者が誤れば滅びるのです。責任者が誤れば大きな問題が起きるというのです。ですから、軽挙妄動してはいけません。良いものを見ても、度を超して喜ばず、悪いものを見ても、度を超して悲しんではいけないというのです。いつでも自分の心の姿勢を正し、正否をわきまえながら慎重に歩んでいかなければなりません。（四〇—九八、一九七一・一・二四）

欲心が先立ってはいけません。山に行って山菜を摘むとしても、「私は良い山菜だけ摘もう」と考えて、一日中探し回る人は、自分が考える一番良いものに出会うことができず、手ぶらで帰ってくるようになるのです。しかし、「良い山菜も良いが、良くない山菜から着実に摘もう」、このように考えられる人は、あとで良い山菜も摘んで帰ってくることができます。欲心が先立てば、何もなく手ぶらで帰ってくるということがいくらでもあるのです。ABCに分けて考え、悪いものはCに入れ、良いものはAに入れながら、着実に摘んでいく人が勝つのです。（一二八―一五三、一九八三・六・一二）

人は、誰彼を問わず、ある選択を受ければ、その選択された場で真《まこと》の勝利者になろうとし、輝かしい価値を追求しようとします。これが人の欲望です。しかし、この欲望が私たちに希望として刺激を与えることができるとしても、これを実践するということは、それほど簡単なことではありません。人は努力さえすれば誰もが成功すると思っていますが、成功するということは、それほど簡単なことではないのです。

神様のみ旨の前において、天の召命を受けるという事実も難しいことですが、天の召命を受けてそれをやり遂げるのは、もっと難しいことを私たちは知らなければなりません。私たちの教会を見ても、一九五六年から今まで、受難の道を経ながら闘ってきました。このような歴史的なすべての過程を考えてみると、その道は平坦《へいたん》な道ではなかったことを知ることができます。

復帰の道を行くにおいては、ただやみくもに努力するだけでは駄目です。個人が訪ねていくべき道があります。この道を行くには、それぞれの性稟《せいひん》が異なるので、必ず原理原則を中心としてそれを応用しながら、自分の生活に適用していかなければなりません。

個人の生活環境が変わり、時代の差が生じるので、その時々に神様が呼ばれる道の前に相対となる立場を決定するためには、自分自ら努力していくべき責任分担としての五パーセントの路程が常にあるというのです。それは、個人を中心としてもそうであり、教会を中心としてもそうであり、国や世界を中心としてもそうです。(四〇—六六、一九七一・一・二四)

(二) 時に合わせる

神様は、私の後ろから行かれるのではなく、いつも先頭を行かれます。どれほど忙しく先頭を行かれるか分かりません。私たちが歩調を合わせることができないほど、忙しく先頭を行かれるというのです。

このようなことを考えるとき、天の召命を受けてみ旨の道を行く人たちは、いつも焦るような思いで行かなければなりません。神様と私がプラスとマイナスの相対的な関係となり、それを中心として、ひたすら調整しながら自分の位置を探し、その時に合わせて行かなければならないのです。しかし、その時を適切に捕捉《ほそく》して行動を開始することは、とても難しいのです。

そして、もし間違いないと判断して行動するときは、遅れてはいけません。遅れれば機会が過ぎていってしまうのです。そのときは、総邁進《まいしん》して突進していかなければなりません。そのような時こそ、あらゆる精誠を尽くしていかなければならないというのです。ここには、空気が入っていないゴムまりに、コンプレッサーで、一瞬のうちに空気を送り込むのと同じ行動が必要だということです。そのような行動が必要な時が多いのです。

統一教会が今まで発展してきたのは、計画的に、だんだんと段階を経て発展したのではなく、特定のことを通して飛躍的な発展をしてきました。これは、教会を動かす責任者もそうですが、皆さん個人も同じです。家庭を代表する中心や国家を代表する中心も同じなのです。家庭を動かす人も、国家を動かす人も、世界を動かす人も、一日を心配しながら過ごす生活は同じです。

一日を中心として見れば、朝、昼、夕と過ぎていき、一年を中心として見れば、春、夏、秋、冬と過ぎていきます。また、一生を中心とすれば、少年時代、青年時代、壮年時代、老年時代、このように過ぎていきます。これを見るとき、個人的であれ、国家的であれ、世界的であれ、範囲は異なりますが、その内容においては同じ公式の路程を行くのです。

ここにおいては、春の季節に該当する人が、春の季節に合うように出発することもありますが、春の季節に該当する人が秋の季節に出発することもあるのです。このような人は、その季節によく合わせなければなりません。

また、全員が春から出発したとしても、春夏秋冬の四季の形態をすべて備えた人はいません。春の季節に出発し、夏の季節、秋の季節までは一緒に行っても、冬の季節に入ると、ぶつかり合う役事が起きるのです。そのようになれば、次の春の季節から分かれていくようになります。このようなときは、ダイヤルを調整してサイクルを合わせなければならないのです。このようなことを考えるとき、信仰の道を行くのは本当に難しいことを知らなければなりません。こ

れを調整する方法は、他の人にあるのではありません。皆さん自身にあるのです。（四〇―八〇、一九七一・一・二四）

私たち人間は、一日を始める朝が来れば、この朝をみな同じように迎えます。昼が来れば、この昼もみな同じように迎え、夜になれば、夜もみな同じように迎えます。しかし、個々人の心霊を中心として見れば、同じではないというのです。一日を迎えるにおいて、時間的には朝方を迎える人が、心霊的には昼を迎えたり、昼を迎える人が心霊的には夜を迎えたりするように、行き違う人がいるのです。

このように、人の生涯路程は、その人の性稟《せいひん》によって行き違い、異なって受け止め、異なって歩んでいるので、一定の公式のようには合わないのです。このように合わない部分は、自分自ら合わせなければなりません。言い換えれば、朝から出発しなければならないにもかかわらず、夕方や夜から出発したとすれば、この夜の時間という過程で自分の行く道を暗中模索し、正しい道を尋ね求めていかなければなりません。

もし、季節的に春から始めなければならないにもかかわらず、夏から始めたのなら、この夏の季節を経て、秋の季節を経て、再び新しい春の季節を迎えなければなりません。

このように、行き違っている自分の個体の心性なら心性、素性《そせい》なら素性が、み旨の路程と差が生じれば、それを結びつけるための闘いが誰にでも起きるのです。これは、生まれながらにして一〇〇パーセント一つになり、その時に適応できるように、朝なら朝、昼なら昼、夜なら夜、一日二十四時間、み旨とともに一致できる素性を備えて生まれるということは、とても難しいのです。

しかし、天の召命に従っている人たちは、それを合わせることができます。すなわち、一日で言えば、朝なら朝、昼なら昼、夜なら夜、季節で言えば、春夏秋冬のそれぞれの季節において、その人が生まれもつ素性と彼がみ旨の道を出発する時の基準を、み旨の時と合わせることができるのです。このような人は、蕩減《とうげん》すべきことが多くありません。

しかし、そうでない人たちは、大部分が蕩減しなければならない立場に立つようになります。み旨の時とは正反対の立場に立つようになる人もいるのです。言い換えれば、み旨に従っていくにおいて、すべてのことが平坦《へいたん》ではなく、み旨の時と反対の立場に立って従っていく人がいるということです。このような人たちは、何であっても自分の思いどおりになりません。み旨の道を行っても、必ず相いれない役事が展開するのです。

そのような人はどのような人たちかというと、もし秋なら秋、冬なら冬のような時に出発したのに、その出発した時がいつなのかをはっきりと知らない人たちです。知ることができないというのです。冬が過ぎて立春が訪れてくるのに、この立春がいつ自分の生活圏内に訪れてくるかを知ることが、とても困難なのです。

このように、今日の堕落した人間たちは、その時に合わせられないので、どんどん行き違って回っていくのです。ですから、最も重要なことは何かというと、その時をどのようにして捕捉《ほそく》し、合わせていくかということです。

このようなことを信仰生活で悟るようになるとき、皆さんが注意しなければならないことは、その時をどのようによく調節して合わせるかという問題です。これはとても重要な問題です。これをうまく合わせることができなければ、一日が行き違い、一年が行き違い、十年、あるいは数十年が行き違い、やることすべてに成果が現れず、相いれない結果ばかりが現れる生涯路程を経ていかざるを得ないのです。

このような問題を考えてみるとき、み旨に従っていく私たちが、このような時に合わせていくためには、より深い信仰生活、言い換えれば、深い祈祷生活が必要だということを知らなければなりません。(四〇―六六、一九七一・一・二四)

㈢ 心の門を開く

信仰生活において、ある問題に対したり、あるいはある事件に直面したりするとき、これが自分にとって歓迎すべきものとして現れたのか、そうでなければ脅かすものとして現れたのかという問題を、皆さんは、常に心の善や、あるいは心の基準を中心として比較、検討しなければなりません。

もしある友人が来て、信仰の道において問題となることを中心として話をするようになれば、彼の話を聞く最初のときに、その話に自分の本心が和動し、自分の本心が平坦《へいたん》に和合するかということを、常に分析して批評しなければなりません。その人が語る話の内容が問題ではなく、その人の話を聞く自分の最初の印象、最初の感情、その感じる感覚がどうかということが問題なのです。これをいつも自ら考えなければなりません。

ですから、誰かが話をするときは、その話の内容を中心として考える前に、まず自分自身の心と体がどのような感じをもつかという問題を、いつも自ら検討しなければならないというのです。このようにすることが習慣になれば、あることが起きたとき、それに接した最初の感じで、それが良いことなのか悪いことなのか、自分にマイナスになるのかプラスになるのかを知ることができるのです。

先生自身も、あることに対して報告を受けるとき、その報告の内容は問題にしません。報告を受けながら、その事件自体に対して神様が御覧になる感情がどのようなものかを問題視します。

その感情が私とどのような関係を結ぶのか、良いのか悪いのかという問題をいつも比較、検討し、感じられる感覚が活用できるものであるときには、全面的に行動を開始するのです。しかし、反対に感じられるときには、その行動をためらい、反対の立場で再びそれを比較、検討します。そうして、それが直接的に行動する問題でなければ、待つ立場でそれを常に念頭において祈祷しながら調整していけば、必ず自分が願ったある結果をもたらすようになります。そのようにすることによって、伝えた人、すなわち報告した人は分かりませんが、その時がいつかということを、先生はある程度まで知ることができるのです。ですから、信仰の道では、天の召命を受けるのも難しいのですが、その天の召命を受けてから、それに従っていくことも極めて困難だということを感じるようになるのです。

ですから、皆さんが信仰の道を行くにおいて、どのような心の姿勢をもたなければならないかといえば、いつも円満に心の門を開けておかなければなりません。空気をパンパンに入れたゴムまりのように、心を丸くして、誰にも偏らずに対することができなければなりません。そのような立場をとって進んでいかなければ、信仰の道において必ず冒険が展開し、ひっくり返る路程が起こるのです。私たちは、このようなことを往々にして感じることがあります。

心がいつでもくぼむことなく主体的な立場にいると同時に、円満な立場に立っているためには、常に自分自ら、平らにならしていかなければなりません。そのようにせずに、くぼんだ状態でいれば、そのくぼみによって偏るようになります。偏ったまま悲しい立場に立てば衝撃を受けるようになり、心が欠けて自分の本性と合わなくなるのです。ですから、いつでも自分の心性を中央に位置するようにしながら、自分の心性がどのようになるべきかを知って、それを調整できる生活態度が必要なのです。（四〇―六八、一九七一・一・二四）

環太平洋摂理と巨文道《コムンド》

2008年10月 8 日　初版第 1 刷発行
2008年11月20日　第 2 刷発行

著　者　文鮮明《ムンソンミョン》
編　集　世界基督教統一神霊協会
発　行　株式会社　光　言　社
　　　　〒150-0042　東京都渋谷区宇田川町 37-18
印　刷　株式会社　ユニバーサル企画

ISBN978-4-87656-333-3 C0014